PORTRAITS CÉLÈBRES D'ALSACE

# Jean-Frédéric
# Oberlin

LOÏC CHALMEL

vent d'est

## LES ÉTAPES D'UNE VIE

**1740** 31 août, naissance de Jean-Frédéric Oberlin à Strasbourg.

**1758** 6 avril, obtient le grade de bachelier.

**1763** Docteur en philosophie.

**1767** Pasteur à Waldersbach, dans la vallée de la Bruche.

**1768** 6 juillet, épouse Madeleine Salomé Witter.

**1769** 31 mai, début des travaux de l'école de Waldersbach.

**1771** Juillet, le baron de Dietrich, alors maire de Strasbourg, achète le Ban-de-la-Roche. À partir de cette date, une collaboration avec l'autorité de tutelle devient possible.

**1774** Oberlin reçoit un appel pour rejoindre une communauté chrétienne d'Amérique du Nord, mais l'année suivante, la guerre d'indépendance éclate et retient le pasteur au Ban-de-la-Roche, jusqu'à sa mort.

**1778** 20 janvier, le poète Reinhold Lenz arrive à Waldersbach. La nouvelle publiée outre-Rhin par Georg Büchner fera d'Oberlin, à titre posthume, un personnage de la littérature romantique d'outre-Rhin.

**1779** 16 juin, Louise Scheppler entre au service de la famille Oberlin.

**1783** 18 janvier, décès de Madame Oberlin.

**1794** 2 août, Oberlin et Stuber reçoivent la mention honorable de la Convention nationale.

**1810** Mention honorable accordée par le sous-préfet Cunier.

**1818** Médaille d'or de la Société d'agriculture de France.

**1819** 1er septembre, fait chevalier de la Légion d'honneur.

**1825** 10 janvier, devient membre de la Société d'émulation du département des Vosges, qui cherche à promouvoir l'agriculture, l'industrie, les antiquités, les sciences et les beaux-arts.

**1826** 1er juin, Jean-Frédéric Oberlin décède à l'âge de 85 ans. 5 juin, funérailles à Fouday, en présence de plus de 3000 personnes venues rendre un dernier hommage au pasteur piétiste et apôtre du progrès social.

L'ESSENTIEL SUR OBERLIN

Le nom de Jean-Frédéric Oberlin, l'une des personnalités alsaciennes les plus singulières du XVIIIe siècle, reste indissociable de ceux de Waldersbach et du Ban-de-la-Roche, modeste comté de la vallée de la Bruche, où il exerça son ministère pendant 59 ans. À une époque où les penseurs des Lumières s'adressent plus volontiers aux classes dirigeantes, c'est loin des cercles intellectuels que le pasteur-pédagogue choisit de bâtir un projet socio-éducatif global sans précédent. Apprentissage de la lecture, accès au savoir, pratique de la musique, bibliothèque populaire, création du microcrédit et promotion de l'agriculture de montagne : Oberlin mène un combat sans repos pour le progrès spirituel, sanitaire, éducatif et économique de ses paroissiens. Son œuvre réalise ainsi une synthèse entre valeurs chrétiennes et humanisme républicain, science et spiritualité, orthodoxie luthérienne et dissidence piétiste, romantisme germanique et classicisme latin.

L'originalité des méthodes pédagogiques mises en œuvre dans les « poêles à tricoter » par cette grande figure du protestantisme en Alsace, considéré comme un précurseur de l'éducation de la petite enfance, alimente aujourd'hui encore le débat sur les modalités de garde et d'éducation des enfants les plus jeunes en Europe.

Pragmatique et inspiré, le guide du Ban-de-la-Roche prend soin de ne pas perdre en route aucun de ses disciples, n'hésitant pas à prendre le temps nécessaire à la conversion de ceux qui ont du mal à suivre ses intuitions. En décembre 1801, le célèbre pédagogue suisse Pestalozzi dressait d'Oberlin le portrait suivant : *« Vous trouverez ci-joint une description du Ban-de-la-Roche qui montre l'esprit de l'homme, qui dans le silence a provoqué une révolution plus grande que nos tempêtes sauvages. La fermeté de fer de l'homme dans son adhésion à des principes reconnus brille en tout lieu et montre ce dont l'être humain est capable. »*

DR

Pédagogue, éducateur et penseur suisse, Johann Heinrich Pestalozzi (1746-1827) est l'un des pères de la pédagogie moderne. Il influença fortement le pasteur Oberlin, qui connaît et s'inspire de ses méthodes.

SOMMAIRE



COUVERTURE
Portrait du pasteur Oberlin, homme des Lumières et héritier de la tradition piétiste, gravure de J. G. Gehrardt. DR

PAGE D'OUVERTURE
*Jean-Frédéric Oberlin, pasteur à Waldersbach,* Étienne-Jean Delécluze (1781-1863), dessin au crayon, 1822. DR

DOS DE COUVERTURE
Gravure extraite de l'almanach *Le Patriarche de l'agriculture française,* 1819, représentant le pasteur Oberlin partant travailler à la remise en état d'un chemin avec ses paroissiens. DR

PAGE DE DROITE
Portrait en stuc de Jean-Frédéric Oberlin. DR

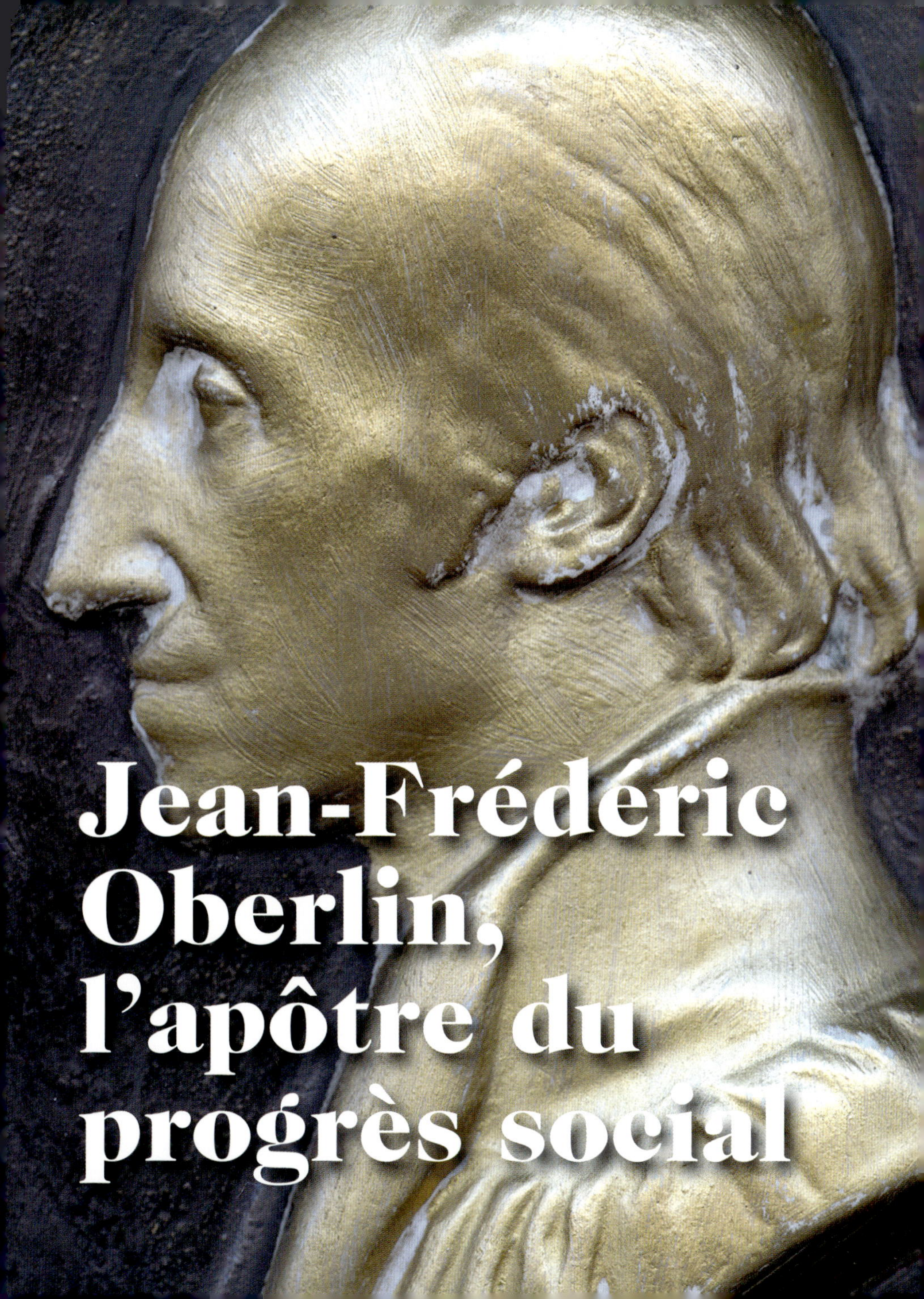

# Jean-Frédéric Oberlin, l'apôtre du progrès social

Aconitum napellus

Calendula officinal
Souci. Ringelblume

Pour constituer son grand herbier, considéré, avec sa collection d'histoire naturelle, comme le chef-d'œuvre du pasteur naturaliste, Jean-Frédéric Oberlin suit la classification de Linné qui, si elle n'a plus cours aujourd'hui, reste la plus prisée à cette époque.

# Le pasteur Oberlin, pédagogue exemplaire du protestantisme alsacien

Le nom de Jean-Frédéric Oberlin reste indissociable de celui du Ban-de-la-Roche, où il exerça son ministère pendant 59 ans. C'est ici qu'il choisit de bâtir un projet socio-éducatif global sans précédent. Apprentissage de la lecture, accès au savoir, pratique de la musique, bibliothèque populaire, création du microcrédit et promotion de l'agriculture de montagne : Oberlin mène un combat sans relâche pour le progrès de ses paroissiens.

## Une vocation vouée à l'éducation et à la foi

Jean-Frédéric Oberlin est né à Strasbourg en 1740, d'un père professeur au gymnase protestant et d'une mère issue d'une famille qui compte déjà plusieurs pasteurs. Son héritage culturel et sa formation universitaire en philosophie et en théologie dans la capitale alsacienne font de lui un citoyen rhénan pratiquant aussi bien l'allemand que le français.

Il est sensible à la fois aux idées de l'*Aufklärung* et à celles des Lumières, curieux des avancements de la pensée scientifique rationnelle, mais aussi des expériences mystiques de la foi chrétienne. Jusqu'à la Révolution, l'Alsace est un creuset au sein duquel foisonnent des idées nouvelles issues de France et d'outre-Rhin.

En 1763, Oberlin obtient le grade de docteur en philosophie et entre en qualité de précepteur dans la maison du chirurgien Ziegenhagen, où il passe trois années. Il aurait pu se destiner à la science et à l'université. Il lit et commente par exemple 538 ouvrages entre 1766 et 1780, soit en moyenne une quarantaine par an.

DR

Un de ses frères, Jérémie-Jacques Oberlin (ci-contre), est d'ailleurs une grande figure de l'université de Strasbourg. Historien et philologue, il est notamment professeur en 1770 du jeune

DR

Image emblématique du piétisme, extraite de l'ouvrage *Pia desideria* (1675). Mouvement protestant privilégiant la nécessité d'une piété personnelle et le sentiment religieux individuel à la connaissance de la stricte orthodoxie doctrinale, le piétisme a fortement influencé le pasteur Jean-Frédéric Oberlin.

PAGE DE GAUCHE *Philippe-Jacques Spener (1635-1705),* gravure de J. G. Wagner, 1683. Célèbre théologien de l'Église luthérienne, Spener est l'auteur de *Pia desideria*, considéré comme le texte fondateur du piétisme.

**À Waldersbach, Oberlin cumule les fonctions de pasteur, de pédagogue et d'animateur rural, mêlant savoir et activités très éloignées les unes des autres, avec un engagement exemplaire pour le respect de la dignité humaine qui lui vaut aujourd'hui une reconnaissance mondiale.**

Johann Wolfgang von Goethe, alors fondateur du mouvement littéraire *Sturm und Drang* (tempête et passion).

Mais en 1767, Jean-Frédéric Oberlin est nommé pasteur à Waldersbach, un village pauvre de la haute vallée de la Bruche situé dans le comté du Ban-de-la-Roche. Durant les 59 années de son ministère, il cumule les fonctions de pasteur, de pédagogue et d'animateur rural, mêlant savoir et activités très éloignées les unes des autres, avec un engagement exemplaire pour le respect de la dignité humaine qui lui vaut aujourd'hui une reconnaissance mondiale.

Afin de comprendre le cheminement intellectuel de Jean-Frédéric Oberlin au Ban-de-la-Roche, il est nécessaire de s'imprégner au préalable des conditions géographiques, historiques, économiques, politiques et sociales qui constituent le cadre d'exercice du ministère pastoral dans cette contrée isolée depuis l'introduction de la réforme protestante.

DR

Le monument commémoratif avec le médaillon à l'effigie d'Oberlin qui orne l'intérieur de l'église de Waldersbach. Réalisée par le sculpteur allemand Landolin Ohmacht (1760-1834), l'œuvre a été inaugurée le 1er juin 1827, jour anniversaire de la mort du pasteur.

PAGE DE GAUCHE *La Prière, la Dévotion, l'Amour et le Respect à l'égard de Dieu,* illustration de Hans Bendel (1814-1853) pour l'ouvrage *Lienhard und Gertrud*, de Johann Heinrich Pestalozzi (1746-1827), 1844.

Carte de l'Europe créée par le pasteur Oberlin pour l'enseignement de la géographie dans « les écoles et poêles à tricoter » ainsi que dans les écoles tenues pas des instituteurs.

### La position délicate du protestantisme en Alsace au XVIIIe siècle

La politique coercitive menée contre les protestants aux XVIe et XVIIe siècles s'atténue grâce au traité de Ryswick en 1698, qui met fin à la désastreuse guerre de la Ligue d'Augsbourg. La France abandonne alors une partie de ses conquêtes antérieures – à l'exception de Strasbourg – et confirme les libertés qu'elle avait accordées théoriquement en 1648. Plus tard, les traités d'Utrecht en 1713 et de Rastatt en 1714 mettent fin à la guerre de succession d'Espagne et confirment à la France la possession de la totalité de l'Alsace. Dès lors, des consignes de modération sont diffusées par le duc d'Orléans, régent après la mort de Louis XIV, qui souhaite tranquilliser cette terre frontalière exposée aux conflits. L'Alsace connaît alors, au cours du XVIIIe siècle, une longue période de paix et de prospérité dont témoigne l'architecture des nombreux villages du vignoble alsacien. Lorsque Louis XV, à sa majorité, déclare son intention de maintenir l'édit de Fontainebleau, c'est-à-dire la révocation de l'édit de Nantes, l'Alsace n'est pas concernée puisque sa liberté est garantie par des traités internationaux antérieurs. Cependant, tous les ministres du culte doivent désormais être de nationalité française, à l'image du clergé catholique. Cette contrainte engendre de nombreuses difficultés auprès des protestants, dont de nombreux pasteurs qui viennent des territoires de l'empire germanique. L'orientation vers une carrière pastorale est alors vivement encouragée dans les familles protestantes et permet rapidement à la population de se rapprocher de nouveaux pasteurs aux racines locales, qui répandent la bonne parole dans les campagnes.

Le roi Louis XV « tolère » la présence des protestants mais exige « respect et déférence » à l'égard de la confession religieuse royale. Cet esprit de conciliation n'est que relativement appliqué par les autorités locales, en particulier en ce qui concerne l'appartenance confessionnelle des enfants des nouveaux convertis ou encore l'application de la règle du *simultaneum* qui permet aux catholiques d'utiliser les églises protestantes. Ainsi, catholiques, protestants, luthériens et réformés utilisent alternativement la même église, appelée église « simultanée » ou « mixte », envisagée comme un modèle de tolérance. Cette réglementation imposée dans les localités entièrement protestantes, afin d'y faciliter la pénétration catholique, est la source de nombreux conflits jusqu'en 1800. Cependant, l'enterrement en Alsace du maréchal de Saxe en 1751 marque officiellement la fin des conflits religieux. La dépouille du glorieux militaire, resté luthérien tout au long de sa vie, ne peut accéder à des obsèques dans une église catholique. Or, il n'existe plus en France de temples protestants officiels, à l'exception de quelques églises maintenues luthériennes en Alsace. La cour du roi demande alors au Temple-Neuf de Strasbourg d'organiser une cérémonie historique, qui réunit le 8 février 1751 toutes les autorités civiles et militaires et déploie un cortège somptueux matérialisant le retour officiel du protestantisme en Alsace.

DR

*Louis XV (1710-1774), roi de France, portant la croix de l'ordre du Saint-Esprit,* d'après Louis-Michel van Loo (1707-1771), huile sur toile (s.d.).

S. Quirin
Saverne
LORRAINE.
ALSACE.
Strasbourg
N.D.
Salm.
Mouzig.
Bruche R.
Molsheim.
Sale.
Schirmek.
Senone.
Bersch.
Barr.
Andlau.
Ill R.
le Rhin R.
Benfelden
Viler.
Urbeis.
S. Diez
Viler Rek
Ebers-
Münster
Ste marie
aux Mines.
Lievre R.
Schlée-stadt.
au Marg-
grave de
Bade.
Hindringen.
au Marggr.
de Bade.
Colmar.
Neuf-
Brisac.
Vieux-
Brisac.
Münster.
Ill R.
le Rhin R.
Sundgau.
Mühlhouse.
SUABE.

## L'isolement au Ban-de-la-Roche

L'implantation géographique du Ban-de-la-Roche sur le versant occidental du massif vosgien situe ce comté dans une zone climatique à fortes précipitations en toutes saisons, sous forme de pluie en été ou de neige en hiver.

L'habitat, relativement dispersé autour de cinq villages principaux et de trois hameaux, s'étage depuis Fouday, dans la vallée de la Bruche (410 m), jusqu'au Champ-du-Feu qui culmine à 1 100 m. Le climat rude, combiné à la difficulté d'accès à une région montagneuse très en retrait des principales voies de communication, donne à la population autochtone un caractère grégaire peu propice aux échanges, d'autant que la pratique du patois représente un obstacle supplémentaire pour communiquer avec l'extérieur, aussi bien avec la Lorraine francophone qu'avec l'Alsace germanique. L'isolement du *Steinthal*, « la vallée de la Roche » en allemand, permet l'accueil de réfugiés de diverses origines et favorise le développement d'innovations dans les domaines pédagogiques et sociaux.

DR

Maisons pittoresques de Bellefosse du temps du pasteur Oberlin, aquarelle de Benjamin Zix (1772-1811).

PAGE DE GAUCHE Carte de l'Alsace dessinée par le pasteur Oberlin, qui a placé le Ban-de-la-Roche comme une enclave entre l'Alsace et la Lorraine, aquarelle sur papier, vers 1780.

DR

Bellefosse (ci-dessus) et Neuviller-la-Roche (ci-dessous), deux villages qui faisaient partie du comté du Ban-de-la-Roche, ancienne seigneurie des chevaliers de Ratsamhausen vendue en 1584 au comte palatin du Rhin et duc de Bavière Georges-Jean de Veldenz, qui amène la Réforme.

DR

DR

Carte de situation du comté du Ban-de-la-Roche dessinée par Jean-Frédéric Oberlin.

La réforme protestante s'installe de manière définitive au Ban-de-la-Roche avec l'arrivée en 1584 du comte palatin du Rhin Georges-Jean de Veldenz. Les pasteurs alsaciens ne maîtrisent pas le français et sont remplacés par un personnel pastoral familiarisé avec cette langue, recruté dans le pays de Montbéliard, alors possession wurtembergeoise.

Une ordonnance de Louis XIV interdisant de faire venir des pasteurs de l'étranger contraint la faculté théologique de Strasbourg, à partir de 1726, de procurer au Ban-de-la-Roche des ministres possédant les deux langues. En raison des conditions socio-économiques particulièrement difficiles liées à l'exercice du ministère pastoral à Waldersbach, le chef-lieu du comté, le séjour des pasteurs

DR

Vue partielle de Fouday, aquarelle de Benjamin Zix, 1795.

est souvent très court et ne permet pas de mettre en œuvre une politique éducative durable. De plus, les conditions climatiques et financières du poste rebutent les plus courageux : être nommé au Ban-de-la-Roche paraît être davantage une punition qu'un avancement.

À partir de 1763, grâce au pasteur Jean-Georges Stuber, l'école pour les enfants et les cours du soir pour les adultes se tiennent régulièrement dans les cinq villages du comté. Conscient du chemin parcouru depuis 1750, Stuber décide de ne pas quitter Waldersbach sans avoir trouvé lui-même un remplaçant capable de poursuivre et d'enrichir le travail éducatif engagé. C'est ainsi qu'il demande à son jeune et brillant collègue Jean-Frédéric Oberlin de prendre le ministère pastoral au Ban-de-la-Roche.

DR

Vue de Waldersbach, huile sur toile, XIXe siècle.

## Jean-Georges Stuber, l'inspirateur d'Oberlin

Élève du célèbre helléniste Frédéric-Jacques Reuchlin, Jean-Georges Stuber (1722-1797) s'installe dans le misérable presbytère de Waldersbach le 15 juin 1750, à l'âge de 29 ans. Il se met aussitôt à l'ouvrage et entreprend une réforme complète de l'enseignement. Le jeune prédicateur est persuadé que seule l'instruction, qui permit au fils d'artisan qu'il est d'accéder au savoir et d'approfondir sa foi, peut favoriser l'élévation progressive du niveau intellectuel, spirituel et matériel de ses paroissiens. L'apprentissage de la lecture représente dans cette perspective un objectif fondamental. Il s'emploie à créer des structures où adultes et enfants peuvent accéder à l'alphabétisation et s'entoure d'une équipe de maîtres suffisamment compétents et issus du terroir, afin qu'ils s'installent à demeure et inscrivent leur action dans le temps. Il leur donne le titre de « régents » et se charge lui-même de leur formation. Merveilleusement doué pour la musique, Stuber impose l'enseignement du chant et du solfège au programme de la formation professionnelle des régents puis, par leur intermédiaire, au programme des écoles.

Après une parenthèse de cinq ans suite au décès de sa première épouse, le renouveau éducatif mis en œuvre au Ban-de-la-Roche connaît un nouveau départ en 1760 à travers la réorganisation des écoles par classes, en fonction du développement intellectuel des élèves. La scolarisation des paysans du comté est alors un combat de tous les instants, que le pasteur doit mener contre l'avarice des parents, la négligence des autorités et l'ignorance de beaucoup de maîtres d'école.

Après sa mort, le 31 janvier 1797, la personnalité et l'action de Jean-Georges Stuber tombent petit à petit dans l'oubli. Il demeure cependant l'auteur de l'un des tout premiers essais de méthode pour apprendre à lire au plus grand nombre et l'initiateur de la première bibliothèque de prêt au monde !

DR

Portrait de Jean-Georges Suber, pasteur et pédagogue alsacien. Il a été le prédécesseur de Jean-Frédéric Oberlin au Ban-de-la-Roche.

Planches panoramiques du Ban-de-la-Roche extraites de l'ouvrage *Chorographie du Ban-de-la-Roche*, dont l'auteur est Henri-Gottfried Oberlin, fils de Jean-Frédéric, gravure sur cuivre de M. Eckel, 1805. DR

Adianthum Capillus veneris des
Capillaire de Mont-Pellier
Adianthum nigrum.
Capillaire noir.
ou ordinaire.
XXIV. 1842. 16.
Asplenium. fronde decom
posita.

## Les débuts difficiles d'un jeune pasteur

Le 30 mars 1767, Jean-Frédéric Oberlin, à l'âge de vingt-sept ans, quitte Strasbourg et effectue huit heures de trajet afin de rejoindre Waldersbach. Sur place, il découvre les difficultés d'un pédagogue au tout début de sa carrière : il se heurte à des obstacles incessants qui ruinent en un instant les constructions de la veille, élaborées au prix de patients efforts. C'est une période difficile et décisive, au cours de laquelle il lui faut asseoir son autorité, assumer l'héritage de Jean-Georges Stuber, dont l'action a marqué le cœur de ses paroissiens, et trouver un moyen d'entrer véritablement en confiance avec les paysans. Un an plus tard, le 6 juillet 1768, il épouse Salomé Witter en l'église Saint-Thomas de Strasbourg.

Le jeune citadin découvre la diversité de sa mission, plutôt éloignée de l'image traditionnelle d'un ecclésiastique. Sa carrière pastorale sera à l'image de sa formation pluridisciplinaire. Pour mener à bien ses projets les plus divers, il utilise ses connaissances acquises au cours de son enfance et de sa formation universitaire à Strasbourg. Il profite notamment de son expérience de précepteur auprès du réputé chirurgien strasbourgeois Ziegenhagen, qui l'a initié à la médecine, aux vertus thérapeutiques des plantes et à la pratique des gestes médicaux élémentaires.

DR

*In Gottes Nammen bist du getaufft...* (au nom de Dieu, tu es baptisé...), imagerie religieuse, lettre de baptême portant la signature de Jean Oberlin, 1814.

PAGE DE GAUCHE Durant les premières années de son ministère, Oberlin étudie et répertorie l'ensemble de la flore locale pour pouvoir ensuite diffuser ses recherches. Son herbier se compose de 45 liasses, qui comprennent chacune environ 25 dossiers dans lesquels les plantes collectées sont regroupées par espèces ou groupes d'espèces.

1786. a.

Ecole de Bellefosse.

Comme j'y suis entré le Régent étoit occupé à corriger l'écriture, et cela d'une manière qui m'a fait plaisir ; car les enfans viennent un-à-un proche du Maître, pour voir les fautes qu'il leur fait bien obser-ver : ~~mais~~ ce que je ne peux guère imiter, faute de place. Mais ce qui m'a déplut, c'est que pen-dant qu'il corrigeoit, les enfans dis-couroient tout haut en patois.

La lecture alloit assez bien. Mais en épellant dans l'Alphabet il les fait repeter comme dans la petite Ecole, ce que je trouve superflu.

Voilà ce qui a traitté dans la grande Ecole.

DR

L'intérieur du temple luthérien de Waldersbach. L'église a été restaurée et agrandie en 1750 par le pasteur Jean-Georges Stuber, qui résida 14 années à Waldersbach, village érigé en paroisse autonome en 1618. L'intérieur modeste de l'église à nef unique est construit autour de l'autel, au centre, et de la chaire surélevée.

PAGE DE GAUCHE Rapport de la visite d'inspection de l'école de Bellefosse rédigé par Jean-Frédéric Oberlin en 1786.

Toutes ces compétences se révèlent particulièrement utiles lorsqu'il est sollicité pour des soins aux personnes ou aux animaux de la ferme. Par ailleurs, il a acquis au cours de son enfance un savoir-faire en agriculture remarquable, lors de vacances à la propriété familiale de Schiltigheim, en participant sous la surveillance d'un régisseur aux travaux du potager, des champs et des prés. En plus de ces acquis, le pasteur continue à combler ses lacunes en cultivant son intérêt pour la pensée pédagogique, philosophique et religieuse de son temps, comme en attestent ses nombreuses notes.

# Invitatio. Einleitung.
# Meg-ſzóllitás. Přizwánij.

| | | | |
|---|---|---|---|
| *M.* Veni, *Puer*! disce ſapere. | L. Komm her/ Knab! lerne klug ſeyn. | *M.* Jöſzte ide *gyermek*! tanully okoskodnyi, (böltselkednyi. | M. Pod ſem Pacholc! Uč ſe maudrým býti/ (maudrěti. |
| *P.* Quid hoc eſt? ſapere. | S. Was iſt das? klug ſeyn. | *G.* Mitsoda ez? böltselkednyi. | P. Co geſt to? maudrým býti. |
| *M.* Omnia, quæ neceſſaria ſunt | L. Alles/ was nöthig iſt/ | *M.* Mindeneket valamellyek ſzükſégeſek. | M. Wſſe/ (wſſecko. Co potřebné geſt/ |
| rectè intelligere, rectè ágere, | recht verſtehen/ recht thun/ | igazán meg-értennyi, igazán tselekednyi, (véghez vinni. | práwe rozuměti/ práwe činiti/ |
| rectè éloqui. | recht ausreden. | igazán ki mondani. | práwe wimlúwiti/ |
| *P.* Quis me hoc docebit? | S. Wer wird mich das lehren? | *G.* Kitsoda tanét meg engemet erre? | P. Kdo mne tomu wyučj? (winaučj. |
| *M.* Ego, cum DEO. | L. Jch/ mit GOtt. | *M.* En, Iſten ſegitségével. | M. Ya/ ʒ Bohem. |
| *P.* Quómodo? | S. Welcher Geſtalt? | *G.* Mitsoda formán? (miképpen? | P. Yakým Způſobem? |
| *M.* Ducam te, | L. Jch will dich führen/ | *M.* Altal viſzlek tégedet, | M. Prowedě té (tebe. |
| per omnia: oſtendam tibi omnia: nominabo tibi omnia. | durch alle Dinge: ich will dir zeigen alles: ich wil dir benennen alles; | mindeneken: meg-mutatok néked mindeneket: meg-nevezek tenéked mindeneket. | ſkrze wſſecko ukážem tobe wſſecko: pojmenugem tobe wſſecko: |

*P.* En!

**L'alphabétisation du peuple, une obsession pour Oberlin**

Les quelque huit cents sermons de Jean-Frédéric Oberlin parvenus jusqu'à nous s'inspirent principalement d'événements de la vie quotidienne, tels que l'éducation des enfants, la marche des écoles, l'éducation familiale, l'organisation du travail et des loisirs. Ils sont rédigés dans le souci d'être accessibles aux auditeurs : « *Chacun comprend le français, néanmoins je dois présenter mon exposé de façon très compréhensible et très simple, ce qui me vaut parfois le mépris des gens plus érudits, qui se considèrent comme sages mais ont une mentalité de pharisiens. Mais qu'importe, moi, en tout cas, j'évite le style pédant des livres que la très grande majorité trouve certes beau, sans toujours le comprendre.* »

Il n'est ainsi guère surprenant que l'ouvrage didactique le plus marquant de son prédécesseur, Jean-Georges Stuber, soit une méthode de lecture originale destinée à enseigner la lecture au plus grand nombre : l'*Alphabet méthodique pour faciliter l'art d'épeller* (sic) *et de lire en français* (1762). Anticipant la différence entre graphie et phonie spécifique au français, principale source de confusion chez les élèves, l'apprentissage y est conçu autour d'un véritable solfège linguistique ; l'effet recherché est autant le déchiffrage que la prononciation correcte et sans accent de la langue. Par mesure d'économie, l'*Alphabet méthodique* ne compte que vingt pages imprimées sur un petit format sans reliure. Cet opuscule reste en usage dans les écoles du comté durant le ministère d'Oberlin et permet des résultats supérieurs aux espérances de son promoteur. Avec l'accroissement du nombre de lecteurs, il devient nécessaire de multiplier les supports de lecture. Stuber avait conçu le projet d'une bibliothèque de prêt permettant aux paroissiens n'ayant pas les moyens d'acheter des livres de s'adonner à la lecture. Les ouvrages circulent de main en main, et c'est ainsi que fut créée la première bibliothèque de prêt au monde. Parmi les cent premiers volumes mis à la disposition des habitants, on compte, outre la Bible et différents écrits d'inspiration religieuse, des traités d'histoire, de médecine, d'arboriculture, de botanique, d'agriculture… Jean-Frédéric Oberlin a poursuivi l'intuition de son prédécesseur et a porté la quantité d'ouvrages de la bibliothèque au nombre de cinq cents.

PAGE DE GAUCHE Planche de l'ouvrage pédagogique en quatre langues *Orbis sensualium pictus* (le monde sensible illustré), écrit en 1654 par le philosophe, grammairien et pédagogue tchèque Johann Amos Comenius (1592-1670). C'est le premier livre d'images pour enfants.

DOUBLE PAGE SUIVANTE Première page et pages intérieures de l'*Alphabet méthodique pour faciliter l'art d'épeller* (sic) *et de lire en français* de Jean-Georges Stuber, publié en 1762.

# ALPHABET MÉTHODIQUE

POUR

FACILITER L'ART D'ÉPELLER

ET DE LIRE

EN FRANÇAIS.

A STRASBOURG,

chez G. L. SCHULER, imprimeur,

ſous les petites arcades nº 5.

a b c d e f. g h i
a b c d e f. g h j

k l m n o p q r ſ.
k l m n o p q r s.

t u v x y z.
t u w x y z.

*a b c d e f g h i*
*j k l m n o p q r*
*ſ s t u v w x y z.*

A B C D E F G H I J
K L M N O P Q R S T
U V W X Y Z.

*Voyelles.*

a e i o u.
a e y o u.



## PREMIÈRE PARTIE.

### PRONONCIATION NATURELLE.

I.

*Voyelle précédée de la consonne.*

(Consonne et voyelle.)

| | | | | | | | | | |
|---|---|---|---|---|---|---|---|---|---|
| Ba | bé | bi | bo | bu | Na | né | ni | no | nu |
| - | cé | ci | - | - | Pa | pé | pi | po | pu |
| Da | dé | di | do | du | Ra | ré | ri | ro | ru |
| Fa | fé | fi | fo | fu | Sa | sé | si | so | su |
| - | gé | gi | - | - | Ta | té | ti | to | tu |
| Ha | hé | hi | ho | hu | Va | vé | vi | vo | vu |
| Ka | ké | ki | ko | ku | Xa | xé | xi | xo | xu |
| La | lé | li | lo | lu | Za | zé | zi | zo | zu |
| Ma | mé | mi | mo | mu | | | * * * | | |

Ba da fa ha ka la ma na pa ra sa ta va xa za.

Bé cé dé fé gé hé ké lé mé né pé ré sé té vé xé zé.

Bi ci di fi gi hi ky li my ni pi ri si ty vi xy zi.





Bo do fo ho ko lo mo no po ro so to vo xo zo.

Bu du fu hu ku lu mu nu pu ru su tu vu xu zu.

| | | | |
|---|---|---|---|
| Bâti | cité | céda | pâli |
| défi | midi | pati | lira |
| fini | Sara | fixa | miné |
| muni | paré | béni | pavé |
| rima | limé | lavé | péri |
| rusé | vola | posé | rasa |
| pâmé | muré | rôti | tari |
| puni | mari | ravi | tira |
| sali | dura | fuma | zêlé |
| holà | zéro | sévi | haro |
| fila | hâta | doré | gémi |
| mira | pâté | pila | sucé |
| poli | ramé | rida | tâta |
| vomi | mugi | taxé | logé |
| Kimi | nagé | lacé | hâlé. |

Démoli limité vérité médita modéré ménagé vanité Salomé mérita mesuré bâtira délogé punira révolu désolé député divisé dévora périra lapidé policé domina décédé rumina.

Félicité facilita maturité favorisé vivacité déraciné satyrisé pudicité latinisé voracité régénéré fatalité férocité délibéra.





Généralité légitimité générosité mutabilité Municipalité.

*Figé révolu rapidité.*

NOTA NUMÉRO *MORALITE.*

II.

*Voyelle suivie de la consonne.*

(Voyelle et consonne.)

| | | | | | | | | | |
|---|---|---|---|---|---|---|---|---|---|
| Ab | eb | ib | ob | ub | Ap | ep | ip | op | up |
| Ad | ed | id | od | ud | Aq | eq | iq | oq | uq |
| Af | ef | if | of | uf | Ar | er | ir | or | ur |
| Ak | ek | ik | ok | uk | As | es | is | os | us |
| Al | el | il | ol | ul | At | et | it | ot | ut |
| Am | em | im | om | um | Ax | ex | ix | ox | ux |
| An | en | in | on | un | Az | ez | iz | oz | uz |

| | | | |
|---|---|---|---|
| Armé | erra | allé | féal |
| orna | alla | exil | Moab |
| Etna | abbé | duel | Péor |
| arma | ossu | Noël | réel |
| orné | erré | Baal | Booz. |

Obligé exposé admira excité alkali absolu altéré immola assuré affamé irrita arriva allumé arboré exalté exercé annuel Samuel mutuel boréal filial véniel abrogé assidu.

## La construction d'une œuvre pédagogique singulière

Pour mener à bien les premières réalisations de son ministère au Ban-de-la-Roche, Jean-Frédéric Oberlin profite largement de l'appui financier et des judicieux conseils de son prédécesseur. La construction d'une école et le développement de la bibliothèque de prêt représentent à cet égard deux aspects significatifs de la remarquable collaboration qui s'instaure alors entre les deux hommes. C'est ainsi que naît le concept d'une « maison-école », c'est-à-dire un lieu de vie doté d'une salle spécialisée pour rassembler les enfants, le « poêle d'école », ainsi que des chambres pour les pensionnaires venus de la ville pour suivre une formation auprès du pasteur Oberlin, dont le financement représente une aide précieuse pour l'entretien du bâtiment. L'un des ouvrages les plus empruntés à la bibliothèque est certainement *Robinson Crusoé*. Oberlin l'explique de la manière suivante dans ses notes de lecture en

DR

Avec beaucoup d'ingéniosité, Jean-Frédéric Oberlin fabrique lui-même une grande partie du matériel qui lui est nécessaire fiches sur les animaux et les plantes à partir de dessins et de gravures, pochoirs pour l'écriture et la lecture, tables de multiplication, cartes de géographie…

PAGE DE GAUCHE Illustration de Walter Paget parue en 1719 dans *Robinson Crusoé*, de Daniel Defoe, roman d'aventures cher à Oberlin : *« C'est un bon livre pour des gens qui, comme les habitants du Ban-de-la-Roche, sont obligés de faire presque tout par eux-mêmes, presque comme Robinson. »*

1767 : « *Je le trouve très aimable. Dans sa jeunesse, Robinson Crusoé ne valait pas grand-chose, mais il se convertit. L'histoire est très intéressante, le style agréable et frais. Ce qui lui arrive est singulier, mais vraisemblable. Je ne m'étonne pas tant de ce qu'il raconte, mais bien plus de ce que l'on n'entende pas plus souvent des histoires semblables, puisque chaque année tant de bateaux font naufrage et que tant de régions sont encore inhabitées. C'est un bon livre pour des gens qui, comme les habitants du Ban-de-la-Roche, sont obligés de faire presque tout par eux-mêmes, presque comme Robinson.* »

La bibliothèque de prêt se développe tant au niveau de la quantité de livres mis à la disposition du public que de la diversité des sujets traités : religion, philosophie, biologie, astronomie, géographie, littérature… Ainsi les éducateurs du Ban-de-la-Roche, régents ou « conductrices de la tendre jeunesse », disposent d'un véritable outil de documentation

PAGE DE GAUCHE Naturaliste averti, Oberlin s'intéresse aussi naturellement à la zoologie, comme en témoigne son impressionnante collection d'ossements d'animaux minutieusement classifiés.

CI-CONTRE Jeu de cartes conçu par Jean-Frédéric Oberlin pour l'enseignement de la botanique.

CI-DESSOUS Plaques pour lanterne magique qui permettait au pasteur Oberlin de projeter les images sur les murs.

DR

pédagogique, avec des cahiers thématiques rédigés par le pasteur à partir de lectures ou de connaissances empiriques. La documentation écrite est progressivement agrémentée d'une collection complète d'histoire naturelle, de jouets à caractère éducatif et d'herbiers. Cet édifice pédagogique hétéroclite se construit autour de la contemplation de la nature et de la compréhension des phénomènes qui régissent son fonctionnement, afin de permettre à l'homme de se rapprocher du Divin Créateur. L'être humain n'est pas destiné à subir les phénomènes naturels, mais doit chercher à les comprendre et à les utiliser au mieux. La création est régie par la perfection, chaque chose, chaque être vivant y participe. L'homme, principal héritier de la création, ne peut ainsi se contenter pendant son séjour sur Terre d'une contemplation passive des phénomènes naturels, mais doit plutôt faire preuve de curiosité et d'ingéniosité pour trouver sa place au sein du monde, en mettant ses compétences au service de ses semblables.

L'accès au livre par le plus grand nombre est une préoccupation constante pour Oberlin. Il aide ainsi les plus démunis à acheter des manuels scolaires à moitié prix, sans pour autant en faire le don, la moitié du prix étant due au régent d'école en heures de travail. Ce système ingénieux permet de valoriser à la fois le livre et le travail, le livre comme un bien précieux mesurable en quantité de travail.

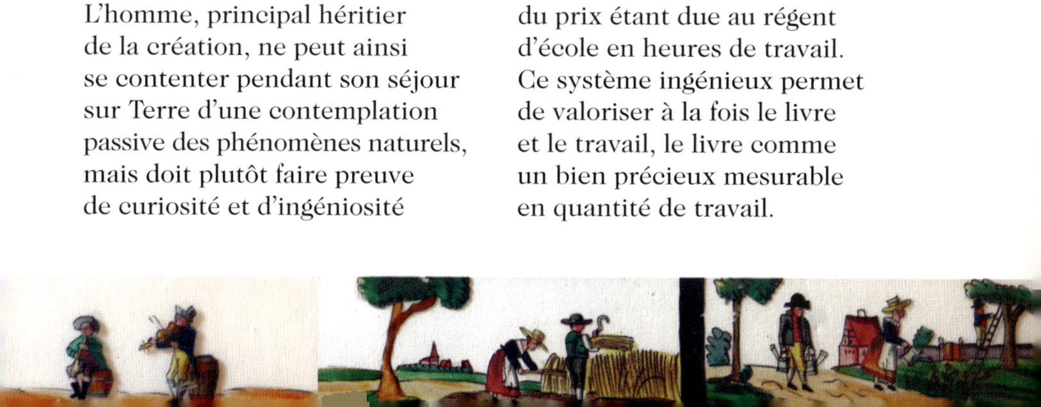

## Des influences politiques et littéraires de Jean-Frédéric Oberlin

Le soutien de l'abbé et député Henri Grégoire aux écoles du Ban-de-la-Roche durant toute la période révolutionnaire fait souffler sur Waldersbach l'esprit des Lumières, de la République et des droits de l'homme. De plus, c'est grâce à son appui qu'Oberlin et Stuber obtiennent, le 2 septembre 1794, un témoignage de satisfaction de la Convention nationale. Oberlin se lie d'amitié avec le professeur de l'université de Tübigen August Ludwig Schlosser, beau-frère de Goethe. Il est également proche du dramaturge Jakob Michael Reinhold Lenz, célèbre représentant de la génération littéraire du *Sturm und Drang*, très lié à Goethe, dont il devient le rival amoureux et qui, désespéré, trouve refuge durant trois semaines au Ban-de-la-Roche lors d'une crise morale en 1778. Georg Büchner romance ce séjour dans une nouvelle intitulée *Lenz*, parue en 1879, et consacre ainsi Oberlin, à titre posthume, en personnage de la littérature romantique d'outre-Rhin. Il faudrait encore citer bien d'autres personnages, tels Théophile Conrad Pfeffel, poète alsacien au temps de l'*Aufklärung*, les « Lumières allemandes », rencontré en 1780 à Colmar, l'auteur Johann-Heinrich Jung, dit Stilling, Nicolaus Christian Sander...

L'examen de la correspondance entretenue par le pasteur Oberlin avec ses nombreux amis, visiteurs ou anciens pensionnaires témoigne du rayonnement de sa pensée pédagogique et théologique. Pourtant, cette popularité reste surprenante, parfois même déroutante tant elle concerne des champs d'activités éloignés les uns des autres. Elle explique par exemple que lors de l'invasion russe en 1814, en pleine débâcle napoléonienne, le modeste presbytère de Waldersbach est placé sous la protection du tsar de Russie. Ou encore que l'abbé Grégoire, évêque catholique conventionnel, compte parmi les plus précieux soutiens du pasteur pendant la tourmente révolutionnaire.

DR

Illustration de Théophile Conrad Pfeffel (1736-1809) parue dans *L'Illustration de Bade* en 1859. Poète aveugle et créateur de l'école militaire de Colmar en 1773, surnommé parfois le « La Fontaine alsacien », il s'est consacré à une activité littéraire féconde. Surtout poète, il a utilisé les fables comme moyen de critique politique et sociale.

*« Les livres qu'on leur accordera ne leur seront évalués qu'à la moitié du prix de sorte que pour un livre qui coûte douze sols, ils n'aient à travailler que comme s'il n'en coûtait que six. Lorsqu'il s'agira de travailler, les pères et les mères viendront eux-mêmes ou bien enverront ceux de leurs enfants qui ont assez de force pour travailler avec effet. »*

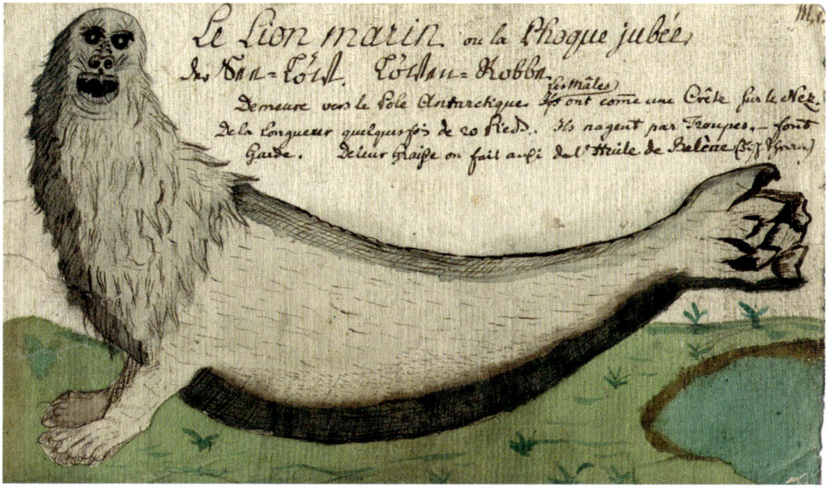


DR

DR

## L'invention des « poêles à tricoter »

Jean-Frédéric Oberlin est très préoccupé par l'abandon des jeunes enfants, qui sont inutiles aux travaux agraires avant l'âge de six ans et sont livrés à eux-mêmes, des journées entières, sans éducation ni chaleur humaine, dans des conditions d'hygiène précaires.

Au printemps de 1769, la crue du ruisseau du village emporte l'un d'entre eux. Ce fait divers marque profondément le pasteur, qui depuis cet accident cherche une solution pour retirer les plus jeunes de l'état d'abandon dans lequel ils se trouvent. Depuis son arrivée au Ban-de-la-Roche, il s'emploie vainement à convaincre les adultes de leur responsabilité devant Dieu en ce qui concerne l'éducation des enfants.

En septembre 1769, tandis qu'Oberlin se rend à Belmont, il découvre un petit groupe d'enfants rassemblés dans la rue autour d'une jeune villageoise, Sara Banzet, qui de sa propre initiative propose l'enseignement du tricot en complément de l'éducation de la petite enfance. Cette rencontre fortuite est à l'origine de l'institution des « poêles à tricoter », animés par les « conductrices de la tendre jeunesse », auxquelles Oberlin donne un véritable statut social en prenant soin de passer un contrat écrit avec leurs parents. Il procède de la même manière pour la location des poêles, dont les contrats

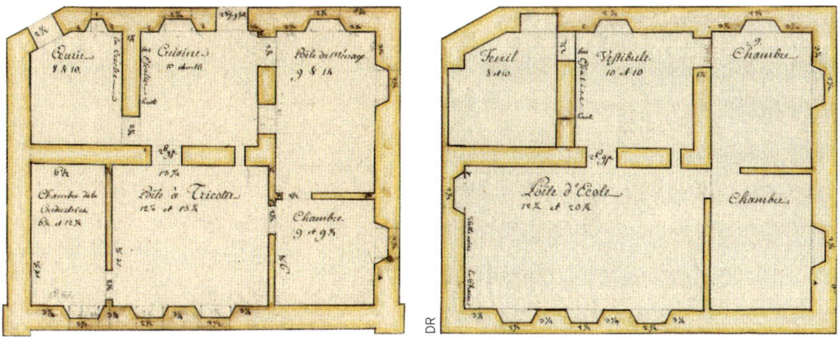


DR

DR

Plan de l'école de Bellefosse dessiné par Jean-Frédéric Oberlin, inaugurée en 1779.

PAGE DE GAUCHE Représentation posthume du pasteur Oberlin à l'école de Waldersbach, illustration extraite du livre de contes pour la jeunesse *L'Écolier, ou Raoul et Victor*, de Pauline Guizot, 1852.

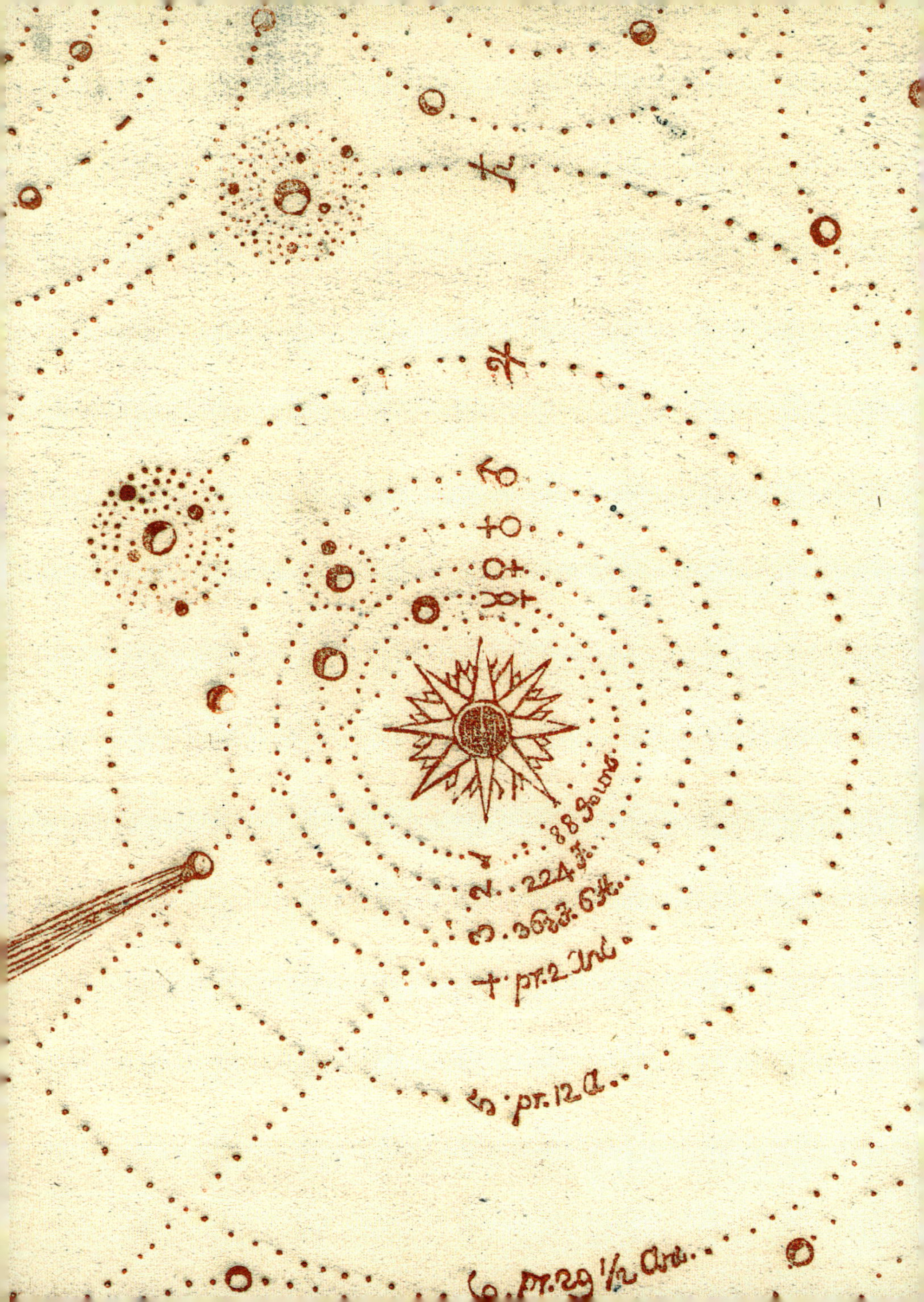
♄
♃
♂
♁
♀
☿
1 . 88 Jours.
2 . 224 J.
3 . 365 J. 6 H.
4 . pr. 2 Ans
5 . pr. 12 A.
6 . pr. 29 1/2 Ans.

**L'isolement du Ban-de-la-Roche permet de résister aux autorités strasbourgeoises qui, dans une contrée plus accessible, auraient vraisemblablement mis un terme rapide à tout le système élaboré par Oberlin, prétextant le caractère scandaleux de l'éducation des plus jeunes enfants par des jeunes filles inexpérimentées.**

témoignent de la volonté du pasteur d'asseoir au plus vite ce nouvel institut éducatif sur des bases légales. Il ne s'agit pas d'une œuvre de charité, mais de l'emploi rémunéré d'institutrices qui se substituent aux parents déficients pour l'éducation des enfants les plus jeunes et les plus vulnérables.

Ainsi, en cet hiver 1769, l'isolement du Ban-de-la-Roche se révèle être un atout précieux permettant à Oberlin de résister aux autorités strasbourgeoises qui, dans une contrée plus accessible, auraient vraisemblablement mis un terme rapide à tout le système élaboré par le pasteur de Waldersbach, prétextant le caractère scandaleux de l'éducation des plus jeunes enfants par des jeunes filles sans grande expérience.

Parmi les conductrices, Sara Banzet est la seule qu'Oberlin n'ait pas réellement choisie, contrairement à Louise Scheppler (ci-dessous), la fidèle et infatigable servante de la famille Oberlin depuis l'âge de quinze ans, qui en tant que « maîtresse de maternelle » contribue personnellement au perfectionnement des méthodes éducatives mises en œuvre dans les « poêles à tricoter ». Afin d'améliorer les procédés didactiques utilisés avec les enfants, le pasteur entreprend, en 1778 puis 1780, des « voyages pédagogiques » à travers le Bade-Wurtemberg, qui lui permettent de confronter la réalité locale avec ses propres pratiques. Les observations de ce séjour le décident à codifier le programme scolaire élémentaire et la conduite à tenir en matière de discipline, de méthode, d'émulation et de formation des enseignants.

PAGE DE GAUCHE Carte du système solaire réalisée par J.-F. Oberlin vers 1800, gravure sur bois. Elle témoigne du goût scientifique et mystique du pasteur pour les choses de l'au-delà.

BNUS

La pièce de vie de la maison de Jean-Frédéric Oberlin à Waldersbach, avec son poêle en fonte et sa chaleur plus que bienvenue en hiver.

### « La petite école dans l'école »

Le programme des « poêles à tricoter » initie les enfants à la vie économique et sociale et développe des connaissances utiles à la vie quotidienne. Si la chaleur du poêle est nécessaire en hiver lorsque les hautes neiges recouvrent le sol gelé, le retour du printemps invite à la promenade et à la découverte active, en symbiose avec le milieu de vie. Les conductrices tentent d'associer leurs élèves à une véritable pédagogie d'éveil au sein de laquelle tout apprentissage génère une production. Le tricotage en est le modèle, mais ce précepte s'applique également à la constitution d'herbiers, au dessin ou à l'impression des plantes. La qualité des réalisations picturales des enfants fréquentant le « poêle à tricoter » est particulièrement remarquable. L'enseignement sollicite le corps sous de multiples aspects : il faut développer la force et l'agilité physique (exercices), apprendre à le soigner (hygiène), mettre son énergie au service des activités humaines (sorties pour cueillir des plantes). Enfin, l'éducation de la tendre jeunesse est synonyme de joie, de bonne humeur et de respect du rythme de l'enfant. À cet effet, une large place est laissée à la répétition pour que les faits nouveaux aient de nombreuses occasions de se fixer dans les esprits. Le jeu trouve tout naturellement sa place comme moyen didactique privilégié dans la pratique quotidienne des conductrices, qui usent de jouets pédagogiques imaginés par le pasteur, de jeux collectifs ou dits « de société » et d'objets issus de la collection d'histoire naturelle. Oberlin cherche en outre à promouvoir le travail en équipe parmi les éducateurs des différents niveaux : chacun est non seulement responsable de sa charge d'éducation quotidienne, mais doit également avoir une vue d'ensemble sur l'activité de ses pairs. La pédagogie mise en œuvre dans les « poêles à tricoter » ne se trouve ainsi aucunement marginalisée par rapport au travail des régents d'école et s'intègre harmonieusement au sein d'un projet éducatif commun.

En résumé, la méthode utilisée par les conductrices de la *« petite école dans l'école »* – c'est ainsi qu'Oberlin nomme également les « poêles à tricoter » – est associée à l'idée d'une pédagogie d'éveil à la nature et à l'activité humaine, résolument ancrée dans le milieu de vie des élèves, permettant de reconnaître et de sanctifier l'œuvre du Divin Créateur. Toute situation d'enseignement s'accompagne d'une production matérielle (dessin, tricot, collecte de plantes, etc.) permettant d'installer d'autres apprentissages et de fixer l'attention très fugitive des enfants de cet âge. La répétition régulière de structures langagières, l'utilisation d'objets pour concrétiser les leçons, la pratique de jeux développant un esprit coopératif dans le cadre de règles données sont autant de marques de respect du rythme d'apprentissage et de la personnalité de chaque enfant.

DR

DR

CI-DESSUS Jeu de cartes réalisé par les élèves du pasteur Oberlin. Le jeu trouve naturellement sa place comme outil pédagogique privilégié dans l'éveil et l'éducation des enfants.

CI-CONTRE Dessin d'enfant. Tout enseignement s'accompagne d'une production matérielle (dessin, tricot, collecte de plantes, etc.) permettant d'installer d'autres apprentissages et de fixer l'attention fugitive des enfants.

Curieux de tout, Jean-Frédéric Oberlin se passionne également pour la physiognomonie, science fondée sur l'idée que l'observation de l'apparence physique d'une personne, et principalement les traits de son visage, permet de donner un aperçu de son caractère ou de sa personnalité.
PAGE DE DROITE *Oberlin au chevet d'un malade,* huile sur toile, XIXe siècle. Le pasteur de Waldersbach était sans relâche engagé auprès de ses paroissiens.

## La passion de la science et de la médecine

Le pasteur du Ban-de-la-Roche se passionne pour les sciences de la nature, nécessaires à la compréhension du « *divin ordre du monde* ». Il trie, répertorie, décrit, représente en particulier les plantes en fonction de leurs attributs, de leur utilisation pour la nutrition, les soins et la teinture. Le grand herbier et la collection d'histoire naturelle se présentent à cet égard comme le chef-d'œuvre du pasteur naturaliste. La science est une arme pour soulager la misère, secouer l'inertie, introduire de nouvelles cultures, de nouvelles pratiques sanitaires, comme par exemple au sujet du gland de chêne : « *Pour rendre le gland mangeable, trempez-le un jour ou deux dans l'eau, faites-le bouillir ensuite dans de la lessive jusqu'à ce qu'il s'écrase aisément entre les doigts. Il jette une écume abondante, qu'il faut soigneusement ôter. Lavez-le bien lorsqu'il est cuit, faites-le bouillir encore un peu dans une eau où l'on met d'abord un peu de potasse, ou seulement des cendres liées dans un linge, puis un peu de sel commun. Alors il est très mangeable et peut se conserver longtemps dans son eau».*

Dès 1770, Jean-Frédéric Oberlin ouvre dans son presbytère une pharmacie de charité où, gratuitement, il délivre des remèdes et des plantes médicinales. Cette pharmacie est organisée selon

DR

les principes de Samuel Auguste Tissot (1728-1797) (ci-contre), médecin suisse qui, en 1761, avait rédigé une publication dans laquelle il exposait le traitement de certaines affections afin de le mettre à la portée du peuple. La mise à disposition de remèdes s'accompagne de conseils relatifs à l'hygiène et à l'alimentation. Progressivement, par le biais des leçons des instituteurs et des conductrices, la population est incitée à apprendre à se procurer elle-même les plantes utiles et à préparer tisanes, pommades et décoctions en respectant à la lettre une recette préalablement établie. Précisons encore que dès 1800,

DR

Dans l'herbier de Jean-Frédéric Oberlin, les noms des plantes, qui peuvent être mentionnés en latin, en français, en allemand, en alsacien ou encore en welsch, sont indiqués sur des étiquettes. Sur certaines planches, le pasteur a également ajouté la description latine du genre et de l'espèce, la date de la récolte, la localisation et un numéro de classement. Les échantillons sont insérés dans les étiquettes. Pour les plantes médicinales, il utilise la classification de R. Spielmann : les plantes y sont classées en fonction de leurs propriétés (nourrissante, fortifiante, émolliente, relaxante, irritante, anodine, endormante, atténuante, évacuante et toxique). Oberlin diffuse le résultat de ses recherches en réalisant des fiches pédagogiques.

cette pharmacie de charité permet la diffusion de la vaccination contre la variole. L'officine du pasteur de Waldersbach cesse d'exister en 1825, lors de l'ouverture de celle de Rothau.

L'intérêt d'Oberlin pour le soin des corps, complémentaire à celui des âmes, s'est visiblement transmis à ses deux fils, qui seront à leur tour pasteurs et médecins : Charles Conservé exerce à Rothau puis à Fouday, et Henri-Gottfried assiste son père à Waldersbach. Mais Jean-Frédéric Oberlin encourage aussi d'autres talents dès lors qu'ils enrichissent la collectivité. C'est par exemple le cas du maître d'école de Fouday, Sébastien Scheidecker. Remarqué pour sa vivacité d'esprit par le pasteur, ce dernier est envoyé à Strasbourg chez le maître chirurgien Ziegenhagen, qui l'initie aux notions de médecine et surtout de chirurgie, aux frais de Madame de Dietrich, qui paye sa pension. À son retour, il dispense à travers la contrée saignées et lavements, traite fractures et plaies et sera le premier à y introduire la vaccine. À sa mort en 1821, Oberlin note dans l'*Ancien livre des bourgeois* : *« Homme extrêmement regretté du public pour les innombrables services rendus à toutes sortes d'égards, mais principalement par ses connaissances médicinales employées charitablement. »*

## Sur le pont de Charité

Pour désenclaver le comté du Ban-de-la-Roche et faciliter ainsi le développement économique de la région, Jean-Frédéric Oberlin entreprend la remise en état des voies de communication. Las de l'état désastreux des infrastructures et du *« mauvais chemin de Rothau »* qui affecte les déplacements vers Strasbourg, il décide tout d'abord, pour renforcer le lien communautaire, de développer un « réseau interne » propre à assurer le regroupement des différents villages de sa vaste paroisse. Ce premier travail achevé, il entreprend sans plus attendre d'ouvrir ce réseau à la grande route de Strasbourg, seul axe susceptible de permettre des échanges commerciaux avec l'extérieur. Entre Schirmeck et Rothau, le misérable

*Travaux de voirie devant Fouday,* gravure de William Brockedon (1787-1854), 1838. Très tôt, le pasteur de Waldersbach s'engagea pour le désenclavement de la vallée de la Bruche, en construisant et rénovant notamment nombre de routes et de ponts.

Gravure de 1819 extraite de l'almanach *Le Patriarche de l'agriculture française* représentant J.-F. Oberlin, pioche sur l'épaule, partant travailler à la remise en état d'un chemin avec ses paroissiens.

pont du Trajet assure le passage au moyen d'une simple poutre glissante et sans garde-fou. Le 29 juillet 1793, un homme de Diespach emprunte ce passage avec sa fille après de fortes pluies et assiste, impuissant, à la chute et à la noyade de son enfant. Oberlin exhorte le maire de Rothau de remédier à cette situation et lui verse *« 12 livres sonnant blanc »* comme première contribution volontaire de sa paroisse aux frais de remise en état. N'obtenant pour toute réponse que remerciements et vagues promesses, il entreprend alors de réunir de nouveaux fonds, grâce notamment à l'acquisition d'un pré et de sa location. Oberlin se fait ainsi lui-même bâtisseur du pont, aidé par des paroissiens, et donne à l'édifice le nom de « pont de Charité », en réponse, le 26 avril 1813, à une demande du maire de Rothau qui lui réclame quelques subsides pour sa réparation : *« Le pont en question, le pauvre pont orphelin, s'appelle pont de Charité parce qu'après plusieurs malheurs arrivés, la charité l'a enfin bâti, et la charité l'a entretenue. Voilà le seul fonds qui existe pour cet objet. »* Pour l'exemple, Oberlin entretient lui-même l'ouvrage jusqu'en 1813, date à laquelle la route est classée, synonyme désormais de prise en charge des frais par l'État.

Deux vues du Ban-de-la-Roche : Le Hohwald (ci-dessus) et Waldersbach (page de droite), lithographies de T. Muller, 1837.

## L'agriculture accessible à tous

Malgré de nombreuses innovations, l'agriculture locale reste soumise à trop d'aléas pour avoir la moindre chance de prospérer. L'impuissance est alors le sentiment qui prédomine au Ban-de-la-Roche face à la nature qui s'acharne à réduire à néant l'espérance qu'elle laisse entrevoir.

Pour remédier à cette situation, Jean-Frédéric Oberlin développe successivement quatre institutions qui vont lui permettre d'envisager la promotion d'une agriculture raisonnée – plus efficace, comme on dirait aujourd'hui : la bibliothèque de prêt, le magasin, une pépinière et la Société d'agriculture. Le domaine attaché à la cure du temple où réside le pasteur devient à cet égard une « vitrine », un terrain d'essais agricoles pour la promotion de nouveaux modes de culture

ou procédés de fertilisation.
Là où la force du texte ne saurait suffire, il faut lui associer celle de l'exemple. Ainsi, on trouve dans les jardins du presbytère une citerne creusée pour contenir les écoulements de l'évier, un fumier soigneusement entretenu, une pépinière pour des arbres fruitiers minutieusement greffés et des semences de pommes de terre mieux adaptées au terroir local, achetées en Hollande, en Suisse ou en Lorraine.

La cure est aussi le siège d'un magasin où l'on peut acheter des nouvelles graines et des outils à prix coûtant et à crédit. Au fil du temps, les paysans se rallient ainsi aux nouvelles pratiques et la Société agricole devient une courroie de transmission des réformes impulsées par Oberlin. Les semences de trèfle et de luzerne à racines courtes, importées de Hollande, remplacent le sainfoin aux racines trop profondes, et de nouvelles semences de lin,

DR

**Les sommes prêtées sont modiques – 5, 10, 15, 20 francs, 30 francs tout au plus – et les conditions de mise à disposition des fonds sont particulièrement avantageuses : sans intérêts, sans gages ni caution et remboursables à termes.**

importées de Riga, sont introduites avec profit.
Lors de la plantation, chaque tubercule de pomme de terre est divisé selon le nombre d'yeux qu'elle contient.
Les pâturages communaux de moindre rapport sont partagés et petit à petit convertis en terres labourables, et les champs sont fumés de manière plus économique et efficace.
L'amélioration de l'élevage n'est pas oubliée : la Société agricole, qui étudie les principes de la médecine vétérinaire, crée un prix récompensant le paysan de chaque commune qui entretient le plus beau taureau.
Les bêtes fourragent désormais à l'étable, ce qui permet d'augmenter sensiblement la production de lait et de beurre.
Les arrangements concernant l'arrosage des prés constituent un exemple significatif du partage des ressources naturelles auquel le pasteur du Ban-de-la-Roche exhorte ses paroissiens dans ses prédications.

Pour tenter d'apurer les trop nombreuses sources de dettes et éviter l'exclusion des échanges commerciaux d'une grande part des paroissiens, Jean-Frédéric Oberlin se fait banquier et prêteur, créant à cet effet de nombreuses « caisses » : caisse d'emprunt, caisse des pauvres, utilisation de la dîme, etc.
La charité ne suffit pas toutefois pour lutter contre la misère : il faut employer des instruments financiers appropriés au contexte local. La caisse d'emprunt est instituée en 1789 avec, à l'origine, un capital de huit cents francs destiné à amortir peu à peu les dettes jusqu'à leur disparition définitive.

Les sommes prêtées sont modiques – 5, 10, 15, 20 francs, 30 francs tout au plus – et les conditions de mise à disposition des fonds sont particulièrement

Assignats de cinq, dix et vingt-cinq livres. Le pasteur Oberlin s'est battu pour que leur dévaluation ne ruine pas trop ses paroissiens, inventant un système de dévaluation progressive et transparente. DR

XXV
DE LA RÉPUBLIQUE FRANÇAISE
Domaines nationaux.
Assignat
de vingt-cinq livres,
payable au porteur.
Série 1018.
25

LOI DU 24 OCTOBRE 1792.
L'AN Ier. DE LA RÉPUBLIQUE.
Domaines nationaux.
Assignat
de dix livres,
payable au porteur.
Série 1010me
10
La loi punit de mort le contrefacteur
La nation récompense le dénonciateur

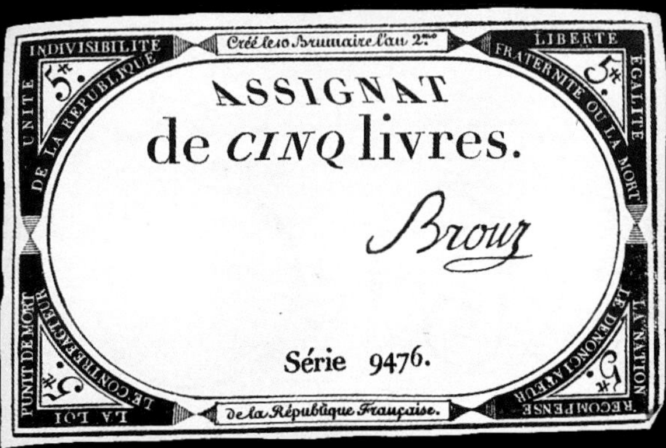
Créé le 10 Brumaire l'an 2me
UNITÉ INDIVISIBILITÉ DE LA RÉPUBLIQUE
LIBERTÉ ÉGALITÉ FRATERNITÉ OU LA MORT
ASSIGNAT
de CINQ livres.
Brouz
Série 9476.
LA LOI PUNIT DE MORT LE CONTREFACTEUR
LA NATION RÉCOMPENSE LE DÉNONCIATEUR
de la République Française.

DR

Vue du Ban-de-la-Roche : Belmont, lithographie de T. Muller, 1837.

avantageuses : sans intérêts, sans gages ni caution et remboursables à termes. Une autre caisse de charité, dite « caisse des pauvres », est conçue pour secourir ceux dont les noms figurent sur la *« liste des pauvres de la paroisse »*, afin que la vraie charité n'encourage pas les négligents et autres paresseux.

Ainsi, la citoyenneté chrétienne au Ban-de-la-Roche se distingue par son respect des autorités civiles et religieuses et par son souci de toujours s'acquitter de ses dettes et de contribuer au bien public, à la participation aux travaux d'intérêt général et à l'aménagement du territoire.

Parmi toutes les initiatives de nature financière développées par Jean-Frédéric Oberlin, l'une des plus originales reste sans doute le mode d'extinction des assignats durant la période révolutionnaire, qui vaut au pasteur de Waldersbach *« mention honorable et renvoi au comité des finances de la Convention nationale, en sa séance du 19 frimaire an III »*.

## Le tableau de réconciliation

Lorsque deux de ses paroissiens viennent le trouver pour lui demander de juger un différend, Jean-Frédéric Oberlin a pour coutume de leur montrer un tableau qui représente au recto une rose et au verso un oiseau. *« Que représente ce tableau ? »*, demande-t-il à chacun d'eux. Tandis que le premier répond *« une rose »*, le second rétorque, étonné de la méprise de son adversaire, *« un oiseau »*. Oberlin les engage alors à changer de place et ajoute : *« Il ne s'agit pour chacun de vous que de quitter son propre point de vue pour se mettre au point de vue de l'autre, et vous voilà d'accord. Essayez de faire de même pour la chose qui vous divise ; cela vous réussira aussi bien. Savoir se mettre à la place des autres, c'est là le grand secret de vivre en paix avec eux et avec nous-mêmes. »* Le même cérémonial peut être mis en utilité avec de jeunes mariés. Ce tableau, symbolique, dit « de réconciliation », constitue une pièce maîtresse de l'historiographie du pasteur Oberlin, et c'est aujourd'hui encore, par exemple, la carte postale la plus vendue au musée de Waldersbach. Dans les collections actuelles du musée, il existe un exemplaire du tableau de réconciliation réalisé d'une façon différente : les deux images doivent se regarder, non pas de la gauche vers la droite, mais du haut vers le bas, ce qui oblige le spectateur à se baisser… comme devrait le faire tout éducateur pour se mettre à la portée d'un enfant !

DR

DR

*« Pour comprendre son prochain et son point de vue, il faut se mettre à sa place. »* Pour illustrer ce précepte qui lui est cher, le pasteur Oberlin, lorsqu'on lui demande de juger un différend, a pour coutume de recourir au tableau dit « de réconciliation » : grâce aux plis en accordéon, selon qu'on se place en haut ou en bas, on distingue comme image soit une rose, soit un ange.

## Comprendre ses semblables

Outre la pédagogie, Jean-Frédéric Oberlin, à l'instar de nombre de ses contemporains, se passionne pour d'autres disciplines scientifiques ou « pseudo-scientifiques » très en vogue à la charnière des XVIII$^{e}$ et XIX$^{e}$ siècles en Europe. Il en est ainsi de l'interprétation et de la symbolique des couleurs des pierres précieuses, mais aussi et surtout de la physiognomonie et de la phrénologie.

Fondée sur l'observation de l'apparence physique, et tout particulièrement l'étude des traits et du profil du visage, la physiognomonie permet, d'après le pasteur, de donner un aperçu du caractère, des sentiments et de la personnalité d'un individu. *« On ne voit guère que les mentons saillants ou avançant en deçà de la bouche se cachent ou se retirent et évitent d'être vus, comme le font les mentons retirés ou reculés. Les fronts avancés sont opiniâtres et entêtés. Les fronts perpendiculaires et hauts le sont aussi, mais d'une autre manière. Et rarement les hommes à grands nez restent-ils en dette pour une réponse et les nez à bossette pour des saillies. »* C'est en ces termes, par exemple, qu'Oberlin

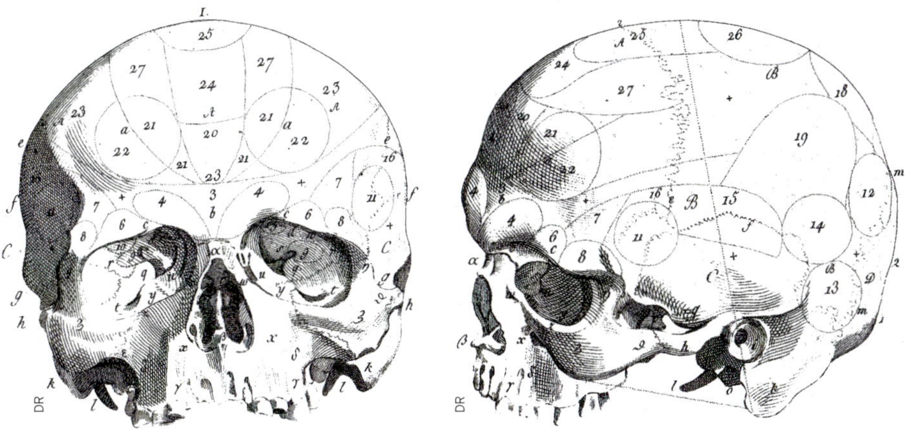

Planche de la *Cranologie* du docteur Gall (1758-1828). La « cranologie » ou phrénologie suppose que les reliefs du crâne permettent de repérer les qualités morales et intellectuelles des individus. Oberlin reste très critique vis-à-vis de cette théorie.

PAGE DE GAUCHE Crâne humain annoté par le pasteur Oberlin selon le système de Franz Joseph Gall.

interprète quelques aspects généraux de la physionomie des personnes. Pour étayer ses hypothèses, il réalise alors des portraits et des silhouettes de ses proches, de ses amis, des membres de sa famille ou de ses protégés du Ban-de-la-Roche. Si aujourd'hui cette discipline peut paraître étonnante, elle exprime alors la soif insatiable de connaissance et de savoir d'Oberlin pour une meilleure compréhension des phénomènes et des maux qui animent la nature humaine, dans le but de mieux les soulager et les soigner.

Il en est de même de la phrénologie, « pseudo-science » proche de la physiognomonie qui, quant à elle, cherche à

Planche extraite du traité *Fragments de physiognomonie* de Johann Kaspar Lavater (1741-1801), inventeur de la physiognomonie, expliquant comment dessiner une silhouette.

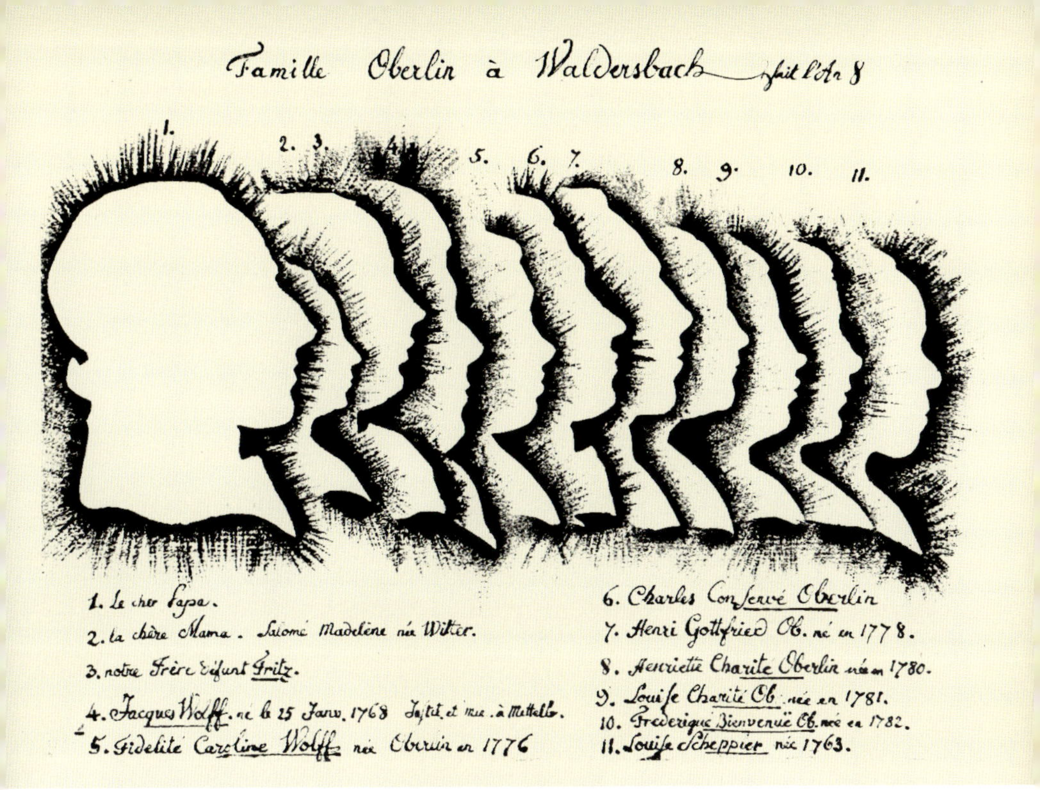


Le tableau physiognomonique de la famille Oberlin, réalisé en l'an VIII (1800) et annoté par l'un des enfants du pasteur. Ce dernier est représenté au premier plan à gauche, suivi de son épouse, de leurs huit enfants et, au bout, Louise Scheppler.

mieux comprendre le caractère et les facultés dominantes d'un individu d'après l'étude de la forme de son crâne.

À Waldersbach, le pasteur dispose de tout le matériel nécessaire pour entreprendre lui-même ses recherches. Il crée des outils spécifiques, fait des relevés anthropométriques sur ses hôtes ou encore réalise leur silhouette. Parfois à la frontière de l'ésotérisme et souvent sans véritable fondement scientifique, l'étude du crâne et les autres voies de recherche « pseudo-scientifiques » de l'époque d'Oberlin peuvent peut-être faire sourire de nos jours, mais elles s'inscrivent toujours, entre cette quête perpétuelle de connaissance caractéristique du siècle des Lumières et le rationalisme du XIXe siècle, en faveur du progrès social et de la condition humaine.

## L'homme de pierre

Jusqu'à sa mort, Oberlin œuvre inlassablement pour poursuivre une utopie sociale devenue réalité. Mais il perd successivement ses proches, et parmi eux Stuber en 1797, son frère Jérémie-Jacques en 1806, Pfeffel et sa fille Fidélité Caroline en 1809. Il souffre de diverses affections liées à l'âge, qui vont progressivement altérer sa santé, sans entamer toutefois sa détermination. Il est en particulier touché par une pleurésie et une affection très invalidante aux yeux, suite à quoi il imagine transmettre le flambeau à son fils Henri-Gottfried.

Le presbytère et les écoles de la vallée sont fréquentés par des pensionnaires toujours plus nombreux, jeunes gens venus principalement de France, d'Allemagne et de Suisse, désireux de s'initier à une spiritualité toute spécifique ou qui souhaitent simplement se familiariser avec les méthodes développées par les régents et les conductrices tout en perfectionnant leur français.

Portrait de la baronne Juliane von Krüdener (1764-1824), femme de lettres cosmopolite et apôtre du mouvement piétiste, avec son fils Paul, Angelica Kauffmann (1741-1807), 1786.

Concernant la dimension pédagogique, Jean-Frédéric Oberlin trouve un soutien efficace en Jean-Luc Legrand, un industriel helvétique, qui le soulage de la gestion des écoles et de la formation des maîtres. Après la mort d'Oberlin, l'héritage éducatif sera assumé par les descendants de Legrand. Par ailleurs, le pasteur alsacien crée autour de lui un « cercle d'élus » autour du thème de la renaissance de la spiritualité rhénane. Ainsi se retrouvent régulièrement au presbytère de Waldersbach, entre 1812 et 1814, des hommes et des femmes d'horizons divers – politique, théologique ou mystique et littéraire –, et parmi eux le préfet du Bas-Rhin Lezay-Marnésia, l'étudiant en théologie Empaytaz, la baronne Juliane von Krüdener, mystique inspirée, et l'écrivain Stilling, dont l'œuvre fut promue par Goethe.

L'année 1817 est marquée par une disette consécutive aux campagnes militaires qui ont traversé l'Alsace lors de la chute de l'empire de Napoléon I^er^ et aux récoltes catastrophiques de 1816. Oberlin s'emploie à soulager la misère et appelle à la rescousse ses amis strasbourgeois, qui fourniront les subsides nécessaires.

DR

Pierres tombales de Jean-Frédéric Oberlin et Louise Scheppler au cimetière de Fouday.

Mais le 15 novembre, il est à nouveau touché par la mort : son fils Henri-Gottfried décède alors qu'il n'est âgé que de 30 ans. Le pasteur surmonte ce nouveau coup du sort avec la foi et la confiance en Dieu qui caractérisent son engagement. Le lendemain du décès de son fils, il prononce au temple de Waldersbach un sermon intitulé « *De la mort à la vie* », inspiré d'un passage de l'Évangile selon saint Jean.

Ses efforts sont tardivement reconnus par l'autorité publique. En 1818, la Société d'agriculture de France lui décerne une médaille d'or et, le 1er septembre 1819, le roi Louis XVIII le fait chevalier de la Légion d'honneur. En 1821, Jean-Louis-Alexandre Herrenschneider, scientifique strasbourgeois, vient au Ban-de-la-Roche accompagné du célèbre sculpteur Ohmacht pour réaliser son buste. La santé de « l'homme de pierre » ne cesse toutefois de décliner, et Jean-Frédéric Oberlin s'éteint le 1er juin 1826 à onze heures du matin.

Dans un *curriculum vitæ* daté de 1784, le pasteur Oberlin avait écrit ses mots : « *Oh, puissiez-vous oublier mon nom et ne retenir que celui de Jésus-Christ, que je vous ai prêché !* » Sa pierre tombale, au cimetière de Fouday, porte une simple croix en fer forgé avec une inscription qui le désigne à la postérité : « Papa Oberlin ».

« Oh, puissiez-vous oublier mon nom
et ne retenir que celui de Jésus-Christ,
que je vous ai prêché ! »

*JEAN-FRÉDÉRIC OBERLIN, 1784*

## LE MUSÉE JEAN-FRÉDÉRIC OBERLIN DE WALDERSBACH

Situé sur un flanc verdoyant de la haute vallée de la Bruche, à Waldersbach, le musée Oberlin – l'un des musées protestants les plus célèbres de France – est entièrement consacré à la vie et à l'œuvre de Jean-Frédéric Oberlin. Créé en 1958 et complètement rénové en 2002, il révèle au public, à travers le foisonnement de ses collections et une muséographie originale, la soif de connaissance et l'éclectisme des intérêts de cette forte personnalité du siècle des Lumières qu'était le pasteur Oberlin, à la fois prédicateur visionnaire, pionnier de la pédagogie et ardent défenseur du progrès social.

Trois bâtiments, auxquels il faut adjoindre les jardins extérieurs, symbolisent la triple vocation culturelle, scientifique et pédagogique de l'institution, qui accueille chaque année plus de 20000 visiteurs : le presbytère de 1787, qui abrite sur trois niveaux de très nombreux dessins, écrits et autres objets fabriqués ou collectionnés par le pasteur du Ban-de-la-Roche – et notamment le fameux herbier ; la Maison des enfants, lieu ludique et convivial de découverte, d'éducation, d'apprentissage et d'expérimentation qui ravira petits et grands ; le Centre de documentation, où peuvent être consultées à loisir les archives du fonds Oberlin ainsi que les ouvrages de la première bibliothèque de prêt au monde, fondée par le pasteur Jean-Georges Stuber vers 1755.

DR

L'entrée du musée Oberlin de Waldersbach avec, à droite, le buste du pasteur accueillant le public.
PAGE DE GAUCHE Dans une salle du musée, le vieux poêle qui chauffait la pièce principale de la maison d'Oberlin.

## OBERLIN, UN NOM ET UN MODÈLE UNIVERSITAIRE INTERNATIONAL

Oberlin est une ville des États-Unis, au sud-ouest de Cleveland (Ohio), fondée en 1833 par deux pasteurs presbytériens, John Shipherd et Philo P. Stewart, en souvenir du pasteur Jean-Frédéric Oberlin. *Oberlin College* est la première institution d'enseignement supérieur américaine à admettre des étudiants afro-américains en 1835, puis de sexe féminin en 1837.

DR

Elle abrite en son sein l'*Oberlin Conservatory of Music*, créé en 1865, conservatoire prestigieux récompensé en février 2010 par le président Obama, qui lui a décerné la *National Medal of Arts.*

En 1871, l'*Oberlinverein* (Association Oberlin) est fondée à Berlin. Aujourd'hui transformée en *Oberlinhaus* de Postdam, elle compte parmi les plus fameux établissements de réadaptation, d'éducation et de santé d'Allemagne.

À Tokyo, *J.-F. Oberlin University*, édifiée en 1946 par le missionnaire chrétien Yasuzo Shimizu, compte aujourd'hui quelque 10000 étudiants.

**BIBLIOGRAPHIE SÉLECTIVE**

CHALMEL (Loïc), *Oberlin, le pasteur des Lumières*, La Nuée Bleue, 2006.

—, *Le Pasteur Oberlin*, PUF, 1999.

CHALMEL (Loïc), HOUSSAYE (Jean) (ss dir.), « Jean-Frédéric Oberlin », in *Pédagogues de la modernité*, Fabert, 2007.

*Lo Tambourier*, bulletin de liaison du musée Oberlin de Waldersbach.


**SITES INTERNET À CONSULTER**

fr.wikipedia.org/wiki/Jean-Frédéric_Oberlin
herbier.musee-oberlin.com
missionsafricaines.org/Jean-Frederic-Oberlin.html
ledig.perso.neuf.fr/ban/Oberlin/oberlin.htm
erfauxerre.pagesperso-orange.fr/Oberlin.htm
archeographe.net/Jean-Frederic-Oberlin
archives.strasbourg.fr/Pdf/atelier/CartesOberlin.pdf

DR

Au terme de cette courte biographie, l'auteur mesure combien il y aurait eu encore à dire… Mais choisir, c'est renoncer, d'autant que ces oublis peuvent être réparés par la visite du musée Oberlin de Waldersbach.
Cet équipement culturel, entièrement rénové en 2002, met à la disposition du public, dans le cadre d'une muséographie originale, les collections qui témoignent des 59 années de ministère durant lesquelles le pasteur pédagogue s'est essayé à bâtir une microsociété porteuse de valeurs nouvelles au cœur d'une vallée particulièrement défavorisée.

Musée Oberlin
25 montée Oberlin
F–67130 Waldersbach
Tél. +33 3 88 97 30 27
Fax +33 3 88 97 32 21
www.musee-oberlin.com



**© VENT D'EST, 2012**
**DIRECTION** BERNARD KUNTZ
**CORRECTION** JEAN-FRANÇOIS GALLIOT
**IMPRESSION** GUEBLEZ, METZ
**DÉPÔT LÉGAL** SEPTEMBRE 2012
**ISBN** 979-10-90826-10-6